FULL SCORE
WSL-19-008
＜吹奏楽セレクション楽譜＞

オフロスキーのちゃっぽんぶし

小林顕作　作曲
郷間幹男　編曲

楽器編成表		
木管楽器	金管・弦楽器	打楽器・その他
Piccolo	B♭ Trumpet 1	Drums
Flutes 1 (& *2)	B♭ Trumpet 2	Timpani
*Oboe	*B♭ Trumpet 3	Percussion 1
*Bassoon	F Horns 1 (& *2)	…Bongo,Tambourine,
*E♭ Clarinet	F Horns 3 (& *4)	Sleigh Bell,Cowbell
B♭ Clarinet 1	Trombone 1	Percussion 2
B♭ Clarinet 2	Trombone 2	…Sus.Cymbal,Vibra Slap
*B♭ Clarinet 3	*Trombone 3	Percussion 3
*Alto Clarinet	Euphonium	…Xylophone,Glockenspiel,
Bass Clarinet	Tuba	Chime
Alto Saxophone 1	Electric Bass	
*Alto Saxophone 2	(String Bass) ※パート譜のみ	
Tenor Saxophone		Full Score
Baritone Saxophone		

＊イタリック表記の楽譜はオプション

オフロスキーのちゃっぽんぶし

◆曲目解説◆

　Eテレ（NHK教育）のキッズ向け大人気番組「みいつけた！」に出演しているキャラクター、オフロスキーが番組内で歌っている楽曲です。子ども達はもちろん、大人からも人気を誇るオフロスキー。ピンク色の牛柄模様の服を身にまといシュールでコミカルな動きを見せるチャーミングなキャラクターです。そんな彼が歌うこの『オフロスキーのちゃっぽんぶし』は、お祭りで流れる音頭のような曲調の楽曲です。可愛らしい振付もあり、子ども達と歌って踊って楽しく演奏することができます。夏の依頼演奏会にもぴったりなこの一曲を是非演奏してみてはいかがでしょうか♪

◆郷間幹男　プロフィール◆

　中学よりトロンボーンを始め、大学在学中に「YAMAHA T・M・F」全国大会優勝・グランプリ受賞。

　1997年、ファンハウス（現ソニー・ミュージックレーベルズ）よりサックス・プレイヤーとしてメジャーデビュー。デビューシングル『GIVE YOU』は、フジTV系「平成教育委員会」エンディングテーマ、サークルK CMテーマ曲になり、オリコンチャートや、全国各地のFMチャート上位を独占。その他にも日本コカ・コーラ社のオリンピック・タイアップ曲や、フジTV系「発掘あるある大辞典II」などのBGMを演奏。

　芸能活動を続けながらも吹奏楽指導や作・編曲など、吹奏楽活動も積極的に続け、中でもブラス・アレンジにはかなりの定評がある。

　これまでの経験を活かし株式会社ウィンズスコアを設立、代表取締役社長に就任。現在、社長業の傍ら全国の吹奏楽トップバンドへの編曲や指導なども行っており、その実力からコンクール、アンサンブルコンテストの審査員も務める。

　主な作品に、『コンサートマーチ「虹色の未来へ」』（2018年度全日本吹奏楽コンクール課題曲）等がある。

オフロスキーのちゃっぽんぶし

小林顕作 作曲
郷間幹男 編曲

© 2011 by NHK Publishing, Inc.

ご注文について

ウィンズスコアの商品は全国の楽器店、ならびに書店にてお求めになれますが、店頭でのご購入が困難な場合、当社PC&モバイルサイト・電話からのご注文で、直接ご購入が可能です。

◎当社PCサイトでのご注文方法

http://www.winds-score.com

上記のURLへアクセスし、WEBショップにてご注文ください。

◎電話でのご注文方法

TEL．0120-713-771

営業時間内にお電話いただければ、電話にてご注文を承ります。

◎モバイルサイトでのご注文方法

右のQRコードを読み取ってアクセスいただくか、URLを直接ご入力ください。

※この出版物の全部または一部を権利者に無断で複製(コピー)することは、著作権の侵害にあたり、著作権法により罰せられます。

※造本には十分注意しておりますが、万一落丁・乱丁などの不良品がありましたらお取替え致します。また、ご意見ご感想もホームページより受け付けておりますので、お気軽にお問い合わせください。

F Horns 1&2

オフロスキーのちゃっぽんぶし

小林顕作 作曲
郷間幹男 編曲

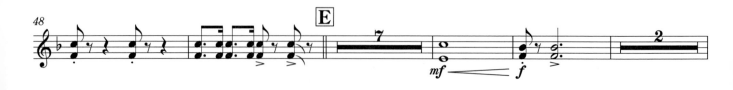

Tuba

オフロスキーのちゃっぽんぶし

小林顕作 作曲
郷間幹男 編曲

Timpani

オフロスキーのちゃっぽんぶし

小林顕作 作曲
郷間幹男 編曲

Percussion 1
Bongo, Tambourine, Sleigh Bell, Cowbell

オフロスキーのちゃっぽんぶし

小林顕作　作曲
郷間幹男　編曲

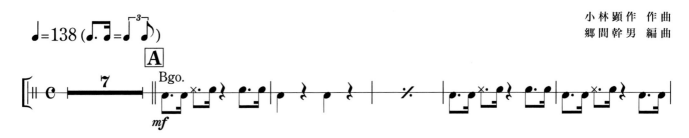

Percussion 2

Sus.Cymbal, Vibra Slap

オフロスキーのちゃっぽんぶし

小林顕作 作曲
郷間幹男 編曲

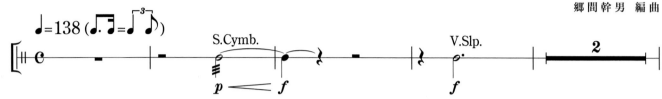
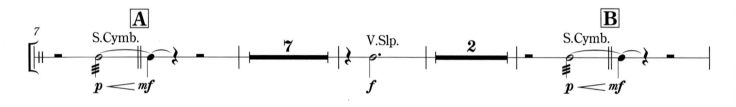
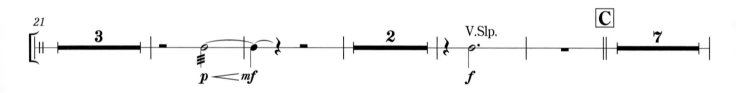

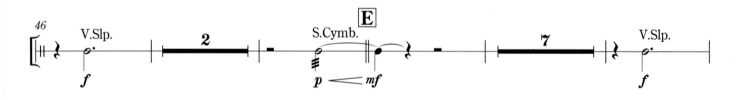

Percussion 3
Xylophone, Glockenspiel, Chime

オフロスキーのちゃっぽんぶし

小林顕作 作曲
郷間幹男 編曲

MEMO